Gedichte

aus

dem

toten

Winkel

Robert

P.

Martin

Bibliografische Information der Deutschen Nationalbibliothek: Die Deutsche Nationalbibliothek verzeichnet diese Publikation in der Deutschen Nationalbibliografie; detaillierte bibliografische Daten sind im Internet über dnb.dnb.de abrufbar.

Herstellung und Verlag: BoD – Books on Demand, Norderstedt
ISBN: 9783759735119

Redaktion, Gestaltung: Robert P. Martin

Buch

Eine persönliche Reise, die wir einige Monate als stiller Beifahrer und Gast begleiten. Es sind unaufdringliche Zeilen voller Poesie und Intensität. An Wahrhaftigkeit und Ehrlichkeit euphorisierend.

Autor

Martin begann schon früh zu schreiben und das Schreiben zog sich durch sein ganzes Leben und nachdem er zehntausende Seiten Aktenvermerke getippt hatte, entschloss er sich, ab jetzt nur noch *Prosaist*.

Einführung

Das Leben ist wie eine Mitfahrzentrale und wir fahren immer irgendwo mit oder irgendwo hin und wenn wir Glück haben, dann sind die Begleiter nett und mit noch mehr Glück ist das Ziel bald erreicht, ohne Stau und Umwege.

„Nächste Haltestelle Paradies" oder „Utopie".

Viel zu oft fährt unser Zug in die Falsche Richtung und wir können nicht aussteigen und mit jedem Kilometer, wird das Zurück länger und schwieriger und es kann sein, dass uns auf dem Rückweg der Sprit oder immer häufiger der #strom ausgeht, aber das ist kein Grund nicht mitzufahren.

Aus der Autostadt, dem Mittelpunkt im Weltkriegs-Dezember 2023,

Robert. P. Martin

MC Fit Neckarau, es schmerzt, 11 Uhr,
Februar, kein Schaltjahr – es geht über Los!

Gefangen in diesem
Alptraum,
dass Sie
 Leben nennen,
    kein Entrinnen möglich

MC Fit Käfertal, März, Dien., die
Schmerzen nehmen zu, auch die Störungen

Nach 53 Jahren
hatten sie gewonnen
ich war besiegt,
wie Troja gefallen aus
Naivität
und die Horden überschwemmen
meinen Körper:

Mutter, Mutter, ich flehe um
Gnade für die anderen …

März, sitze im Schwinger, *MäcBook*
Wärmt mich, Tannenmeise

Humanismus erklären Sie
und der Corona Schöpfung
Darwinismus behauptet
Hansi Frost
und ein Teil vom Ganzen,
so ein Zacken in der Krone.

Wieder im Holz-Schwinger, Pöang-Ping-
Pong, Mi., April 2023, Depression

Die Erziehung bestand vor
allem aus einer Sache:
SCHLAGEN,
SCHREIEN,
SCHIMPFN
nochmal
Schlagen, Schreien, Schimpfen. Nochmal!

Dann gab es noch diese
andere:
SAUFEN, Saufen und albern sein.

Er hatte keine Ahnung,
dass es auch anders geht,
dass man auch ohne Drogen
durchs Leben kam.

Mittwoch, Aprilwetter, Blicke übers
Stehpult, Fichten

Es war einmal ein Land,
das hatte schon zwei
Weltkriege angeführt.

Dieses Land fand sich
plötzlich wieder in einem
dritten Weltkrieg.

Da hob es den Zeigefinger
und bald wurde es zum
Anführer des neuen Krieges.

26., April, immer wiederkehrendes
Staubsaugen, lange graue Haare

Die Größte Angst hatte HANSI
vor der Zugbrücke,
dass die unkontrolliert
runter saust und er
wusste nicht, wie er es
anstellen sollte (die Kette war gebrochen),
in der Praxis
und der Theorie war
es klar: Wie Bäume oder
Blätter im Wind – wiegen.

Es kam wie es immer
kommt, die Brücke knallte runter
und die Horden rannten
rein und plünderten und
brandschatzten und
raubten seine Prinzessin.

26., April, Staubbeutel war nicht korrekt
eingelegt, sie jammert

Die Erde dreht sich und vielleicht ist
das der springende Punkt.

Die Menschheit ist am Durchdrehen.

Alle brauchen mal HALT!

Man möchte gerne hinausrufen:

SCHALTET die Bildschirme AB,

SCHALTET die Motoren AUS,

SCHALTET EL PRÄSIDENTE AB!

Включи любовь
(Liebe einschalten)

Karotten schälen, April, 12.36 Uhr, Panik-
Attacken

Der *Präsi* vom Kampfstern gab
gestern bekannt, dass er nochmal
antritt – um Himmels Willen
hat er nichts *bessres* zu tun?

Er wird Darth Vader immer
gleicher. America strahlt heller
denn je. Sein Schein trügt –
im Herzen ist es dunkel und modrig,
die Straßen sind wie Campingplätze.

Oben brausen sie mit Elektro-
Raketen zur neuen Erde und
unten gibt es den elektrischen Stuhl
für einen Mord wie bei einer
Rabattschlacht.

Milchkaffee 13:00 Uhr, Sonnenschein, dieser
Monat war schon 53 x da

Theoretisch waren die Schriften von
Sokrates im Kopf.

Verstanden war auch der Dalai Lama.

Bei Jiddu Krishnamurti waren es
hunderte Stunden. Wow!

Am Weststrand in der Einsamkeit –
3 Jahre nachgedacht mit Teredo Navalis.

Ein halbes Leben meditiert.

Wusste also was!
Doch es lief nicht gut,
denn BINGO! riefen immer die anderen.

April-April, *Gedämpfte*, 19:41 Uhr, 16 Grad,
irgendwo-überall war Krieg

Irgendwann werden sie diese
Frage stellen und …
Warum bist du gegangen?
Die Antwort ist so hart wie
der Abwurf der Gottbomben und
der Weg dorthin;
Trinity Test (Dreifaltigkeit)
Vater, Sohn und Heiliger Geist
du meintest die Liebe fehlt, die
Liebe spürten sie nicht in der Wüste,
in dieser Ehe, darum ging er irgendwann
fort.
Was ist mit unserer Zukunft?
Wo ist die Liebe da?
Entschuldigung. Sie war vergessen und
Verloren – passiert manchmal.
Schon gut!

Morgenstunde, grauer Himmel, dunkle
Wolken, Milchkaffee um 06:14 Uhr

Es gibt einen Lichtblick. Da stehen zwei
große Fichten
und ein blühender Lavendel
und ein Pfirsich
und eine Kirsche
und
beim Odysseus eine gelbe Feige
und eine Olive
und die erste Amsel trällert schon ihr Lied
und das ist alles
und die Leute rennen zur Arbeit
und die Melancholie ist nur
halb so groß an diesem
Morgen
und die Sehnsucht – noch **1x d.g.g.L**[1].

---

[1] Die ganz große Liebe

April, 09:06 Uhr, Milchkaffee und der
Magen knurrt, Sojamilch ist aus

»Forever young« dreht Mutter ganz
laut auf, sofort kommen die
Tränen und der Himmel öffnet
sich und schickt kurz ein paar
Sonnenstrahlen, wie als ob
er sagen wollte: *JA, JA, genauso ist es.*

Das Leben ist schwer auszuhalten,
so pur, am besten geht es als
Schorle, so als dünne Mischung:
Bisschen Realität und dann viel
Verblendung obendrauf.

Keep calm and carry on!

BASF HV, Kartoffelsalat, Brezeln, IG
Farben, Zyklon B, TATP

Heute Morgen saß
Mutter in der Küche, wie
zum ersten Mal saß sie da,
sie saß da schon hundertmal,
aber es war das erste Mal,
dass sie so wahrgenommen wurde,
es war traurig anzuschauen,
obwohl es Schicksal war
und sie saß da
und fummelte am Handy
und war guter Laune
und gratulierte Iddrussii (Flüchtling)
und später saß ich stundenlang in
der HV und Redner klagten an
und der Kartoffelsalat schmeckte.

Ende April: Wie kann man so naiv sein,
grade wenn man am Ziel ist, das ist so
unnötig, wie ein Teil beim Letzten
Erschießungskommando zu sein

Wie ich den letzten
Job hinschmiss, sagte ich
mir das war's
und ich begann die
Mauern einzureißen ob
der Gefahren da draußen, aber
ich wusste ich werde
einfach nicht mehr raus
gehen, dann kam Mutter
an ihrem 80zigsten und
hieb mir den
Degen – la Espada – rein, wie
Manolete, danach
lief mir die rote Brühe
weg, das dauerte
so 2-3 Jahre, dann
war FIN/ Ende.

April, KZ Barth, Sturm, so sind die *Leut*, zu
jeder Zeit – 24h/7

1000 Lager für
Juden, Sinti und Roma, Kriminelle,
Politische und Asoziale und …
Rauchende Schornsteine
Tonnen von Asche
Leere Wohnungen
Erschießungen/Massengräber
Todesmärsche
  Der Nachbar wird abgeführt
  Spurlos verschwunden
  Kein Lebenszeichen

Sie sagen Sie haben nichts gewusst.
Gestern wie heute – so sind die *Leut*!
Gestern ist heut ihr *liewe Leut*!

So. 30. Apr. 10:35 Uhr, Bircher-Müsli nach
dem Duschen, nasse Haut

Bukowski hatte zwei Sachen
gemeinsam:

Klassik
und das mit dem
Alptraum

und
diese andere Sache, pssst …

2. Mai, Inspektionstermin, Lavazza Kaffee gratis, 09:59 Uhr, alle sehr nett hier

Früher gings nur um den Tag:
Was treibe ich heute?
Welchen der vielen Luxusmomente
genießen.

Heute geht's ums Überleben
und das
kleine Glück im Moment
und nichts mehr wollen, außer
Frieden.

Unmöglich¡

2. Mai, Rückweg ohne Auto, Schönauer
Waldhütte nur noch 6% Akku,
Sonnenschein

Sie haben den Tod
verdrängt bis in die tiefsten
Ecken und den letzten
Winkel, es wird
hinter großartigen Fassaden
verstorben, doch die
Angst davor ist so riesig, dass
dafür jedes Mittel recht ist
und die Panik die einsetzt, wenn
er anklopft verwandelt
alle zu einer trägen Masse, wie
ein Lavastrom so tödlich
und zerstörerisch und nachts
schreien die Alten vor Einsamkeit.
   AAhh, Aiiiihhh, A-u-aaaa, AAAAIIIIEEE

2. Mai, 18:17 Uhr, Sie nahmen 137 Euro und
paar zerquetschte und ich vergaß Trinkgeld
zu geben

Im Garten macht es:

ZICK ZALP ZICK ZILP, dann
plätschert wieder das
Wasser,

im Wald vorhin:
KNICK KNACK KLACK KRACK
da stand das Kitz,

auf der Straße dann am Wald:
BRUMM, DRÖHN, ROOAAR,
PFFFT…, da war der Frosch platt.

Mai, kleine Wolken, Sonnenschein
einkaufen

Die Ampel rot
 und alles steht
dann kommt
 grüner Kleb

4. Mai, 09:42 Uhr, es soll 23 Grad werden,
wie wird dieser Sommer?

Es ist total egal
was du machst, also
mach was, was
 sich zumindest
gut anfühlt oder
quäl dich:
  Beides gleich Toppinger!

  Wie wärs mit den Schriften von:
  Principe Teredo Navalis?

4. Mai, es gibt Dinkelvollkornpfannkuchen
mit Haferflocken, Sonnenstrahlen

Eine Freundin weinte bei
unserer Trennung, das
war mir nicht recht.

Eine akzeptierte es, ohne
größere Fisimatenten, wir
kletterten damals grade auf die
Zugspitze, war mir auch
suspekt.

Die Eine zog einfach nicht aus
Und wollte bleiben. Zog dann
nebenan ein.

Einer wurde schlecht und sie
Bekam Selbstmordgedanken
Und die Eltern waren stinkig
Auf mich.

Eine lief auf dem Gehweg umher
Und schaute durch die Scheiben, sie
Wollte weitermachen, wusste aber
Nicht wie.

Eine hatte Bulimie und Sexsucht.

Eine andere war zu versaut.

Diese da war zu nett.

Die Eine, war eine Meisterin, eine
Dunkle Braut und sie raubte mich
Aus.

Dann wusste ich es endlich!

Try and Error und es ist einfach
nur Glück
oder dann halt Pech.

Mai, derselbe Vormittag, ich habe Schiss,
die Welt wirkt so surreal auf mich

Ein Star auf dem Schornstein,
machte schon wochenlang,
den ganzen Tag,
 Veitstanz,
bis er reinfiel,
dann musste er gerettet werden,
dauerte paar Stunden,
er hatte nichts dazugelernt,
außer, dass er bis jetzt nicht mehr
reingefallen ist, aber alle
warten.

5. Mai, das Wetter ist nicht echt, die
#blutwerte waren i.O.

Die Liga war durcheinander,
es gab neue große Player mit
Milliarden Teams, die bekamen
die Rohstoffe jetzt mit Rabatt,
tatsächlich essen die DFB-Leute
wohl Nutella, obwohl die Ampel
es verbieten würde und bald alles
 verboten wird, dabei ist die große
Rabattschlacht nach der
Großen Krankheit
erst eröffnet, trotz inflationärer
Gehälter auf der einen Seite, *vorbei*
ist die Geschichte, voll
von gescheiterten Staaten, die
krampfhaft versuchen was
zu reißen, wo nichts ist,
denn die
West-Liga oder *West-Lüga*

ist auf alle Fälle
erstmal in der Relegation
gelandet und mit diesen
Trainern werden sie es schwer
haben, denn wer
Tore schießen will
sollte angreifen
oder bestechen oder
einfach besser sein.

Immer noch Mai, korrigiere Seitwärts, am
Bauch ein juckender Stich

Das Leben, der Sinn
hinter allem ist:
Leben!
Def. Leben:
Lasse es dir gut gehen,
schöne Wohnung, schickes
Auto, designter Körper, hübscher
Partner, schlemmen, voller
Geldbeutel etc.
Alles *Wuatsch*!
Leben ist das Geschenk
zur Vorbereitung auf den
Tod – die Ewigkeit, deshalb
komm so schnell wie
möglich zum Ende, dann
beginnt echtes cooles Leben;
mach einfach nix, Chill, lese
und philosophiere und diene.

14. Mai, die Stimmung war tief, die
Illusionen weg, das Leben hatte seinen
eigenen Plan an mir

Drinnen gibt es so viel Kunst und
draußen reißt es nicht ab und so viele
Künstler bleiben unbeobachtet

Lesen hat mich derart verunsichert, dass
mir ein
normales Leben nicht mehr möglich ist
und
das letzte, was mich noch vorwärts treibt
sind
meine
Gedichte
und
Texte
und ein neuer Morgen

14. Mai, Muttertag, ich empfand nicht viel,
außer das Brennen der Morgenstrahlen auf
der Haut wie bei einem Vampir

Erdbeeren
        liebte ich, sie lösten
so ein Gefühl aus in
        meinem Mund, wie
 elektrischer Strom, es war
        fast unausstehlich,
so kribbelig, einfach
        geil, bis mir eine Lady erklärte,
das ist Allergie, seither ist
        diese Magie
verschwunden

                                doofe Kuh!

Müsli zum Frühstück, ohne Zucker, Café
Latte mit plant-milk

alle wollen das wissen
alle wollen wissen, wie das geht
alle wollen es spüren
alle tun so als wüssten sie es
alle tappen in die falle, verwechseln es

liebe ist nicht dieses gefühl,
diese explosion,
dieser lsd-rausch,

liebe ist so banal einfach, es
ist dein entschluss, du entschließt
dich es mit diesem zu versuchen,
fertig das wars, deswegen gelingt
es meistens nicht, denn
zucker ist wie koks und
wer kann da schon nein sagen!
liebe ist wie ungesüßter haferbrei!

15. Mai, Viernheim, Grimminger, es ist
kühl, die neuen Möbel kommen heute nicht
– einer wurde krank

Einer brüllt:
"Du   A R S C H L O C H"
10 hören das
9 denken
  Dieses ARSCHLOCH
Einar ist pikiert?

16. Mai, Jesuitenkirche, Café Sammo, es ist
kalt, Mutter klagte schon morgens

Hier gibt es keine

    Windräder

und ich bin froh drum,
  weil ich die nicht
gut leiden kann,
trotzdem sind
mir die
schicken von
 Colani am liebsten

17. Mai, Milchkaffee, Mutter zum
Lotsendienst, die Schaukel reist

Es ist schon ein
Wunder, eben
war   der Mensch   noch
neben dir gesessen, ging
mit dir durch
 die Straßen,
 den Wald,
wir hatten telefoniert, ein
Eintrag auf der
sozialen Plattform, eine
SMS, jetzt
ist er fort!

 Deleted - Ausgelöscht
für immer
 die Ewigkeit beginnt A…

18. Mai, offizieller Sauftag in der „Doomkratie", mache draußen Pfannkuchen aus Hafer, später reiten

„Du bist gesegnet. Träumte davon."
„Erzähl."
„Weil du so selten
bumsen willst. Sexsucht
ist ein Fluch, wie
dicke Brüste oder ein zu kleiner
Pinsel."
„Ja stimmt. Ich muss weiter
Malen."

18. Mai, die Pfannkuchen waren nicht so
gut, die Sonne scheint bei 16 Grad

„Du solltest das lassen."
Sie kritisiert mich
schon wieder.
Sie lässt mich nicht ausreden.
„Du sagst mein Leben wäre scheiße…"
Ich sagte das scheiß Leben der Anderen.
Sie interpretiert es um.
Sie interpretiert überhaupt sehr gern.
„Schatz würdest du bitte, bitte
aufhören mich ständig zu kritisieren
und zu interpretieren. Wir könnten
bei den Fakten bleiben, so sachlich
reden. Was hälst du davon?"
Sie kuckt genervt. „Du kritisierst mich,
das finde ich nicht gut."
„Nein Schatz, es war nur die Kritik, deiner
Kritik."
„Mir reichts, das machst du nicht mit mir."

21. Mai, der erste wirklich heiße Tag des Sommers und *morgens um 7 ist die Welt noch i.O.*

„Hast die Einleitung gelesen."

„Keine Zeit."

„Hast du die Geschichte mit dem Handwerker gelesen?"

„Ich bin immer zugange."

„Hast die Erklärungen zu den Gedichten gelesen?"

Es war hoffnungslos. Sie hatte einfach zu viel zu tun, mit ihren 82 Jahren.

Der Mai hatte es in sich. Er trank zu viel
latté

Kleine Anleitung zum
SUICID, referiert er;

Wenn´s schief geht sind
die Folgen oft
zum Suizidieren. Wer
will sich schon
zum
Pflegefall machen.

Mit der
Schweizer-Tablette
geht's todsicher, auch
human, aber viele
machen´s mit
Grillkohle – CO.

Erhängen, atypisch

oder nicht, wen
juckt das noch, springen
oder der Zug, die
Auswahl ist enorm.

Mach einfach weiter!

So lang
noch Würde da ist, das
andere kommt
automatisch
so selbstfahrend –
autonom
auf dich zu
und deine Seele können
sie dir nicht
rausschneiden!

21. Mai, an der Kneippanlage, eiskalte
Beine schmerzen, Zucker-Ahorn

Im Wald, dieses
Pärchen mit so weißen
Stöpseln im Ohr, sie
sind hübsch, halten
Händchen, ob
sie das gleiche hören?

Der Eichelhäher warnt!

22. Mai, Biomarkt, die veganen Croissants
sind mal wieder aus, zum K...en

Die wissen es genau, wer
am Handy ist, ist
der Dummy   – Mobile for Dummies!
For ever, ever, ever ever…
Da ist nur Pseudo-Kack
drin, paar der *Techmaker* haben's
sogar zugegeben;
(Palihapitiya, Harris, Parker, Rosenstein, Mc
Namee u. Cook)
Einer verbietet es sogar seiner
Familie: *No social networks!*
           No zombie dummy life

Sowas können sich nur die
Reichen erlauben.

24. Mai, seit 2022 dachte ich mehr daran –
auszuchecken so endgültig, der 54zigste
Sommer

Aber die Verantwortung
meinte das ist irre
und der Mut
war nicht wirklich
vorhanden.

Also blieb mir
nichts übrig wie
weiterzuschreiben, dass
EGO
füttern und die
innere Stimme
ruhigstellen.

27. Mai, so müde fühlte sich dieser Körper
an, das erste Mal Frühstück um 6:30 Uhr
seit Jahrzehnten

Das Wesentliche passiert
dort wo nichts los ist,
wo grade keiner
 hinschaut, wenn grade
alle mit was anderem
beschäftigt sind
und dann bis
jeder dahintergekommen
ist, ist's zu spät.

Juni, Feiertag, gerädert zu viel Bewegung,
zu viel Stress, dieses Leid, wir leiden im
Paradies

Wo ist die Zeit hin
denkt er mit Anfang 50zig
und dann merkt er, dass
doch unglaublich viel
erlebt war, mehr wie
wie Zeit übrig ist sich zu
erinnern und dann weiß
er, dass der Tag kommt
wo die Zeit noch mehr
rast, dieser Tag, dieser
besondere Tag, der letzte
Feiertag in deinem Leben
und er wird, mit viel viel
Glück nur eine Sekunde
andauern.

11. Juni, Wahlkampfveranstaltung am
Karlstern, todlangweilige Lügen

Früher wo ich jung war, war
noch alles anders, es gab
30min Magnetband
Kassetten, Sendeschluss
im TV – alles war
begrenzt, das machte
zwangsläufig ACHTSAM.

O hne
E nde
K onsum
macht
belanglos, die
Freude geht verloren,
Gefühle werden tumb
der Kopf entscheidungslos
und der Gang unsicher.

11. Juni, Pizza mit Kamut Mehl, nur die
Hälfte geschafft, im Tal der Könige

Der liebe Gott
schickte mir
eine SMS
und er sagte:

»STOP!!!

um Himmels Willen

STOP!!!s t o o ho pp

hör endlich auf mit ... «, dann
trat ich auf die Bremse vor
Schreck, wohl bissel zu heftig
Und wir flogen aus der Kurve.

17. Juni, der Naturgarten ist so ziemlich
fertig, Milchkaffee mit einem Admiral

Männer sind wohl
eher desillusioniert
oder realitätsaffiner.

Auf alle Fälle
rennt der Stier
durch die Arena, aber
irgendwann wird
er Müde und
der Toreador gewinnt
zu 99,99999999%
und das weiß der
Mann – schöne
Scheiß Aussichten!!!

28. Juni, es ist grade holprig und es knirscht
Überall, die Leute drehen durch

Zum ENDe
hin
wird's
immer
gruselig ... Mumienschieben,
Gespenstergeschichten,

Nur
in diesen
Kitschfilmen
aus
Bollywood
und
Hollywood
nicht!

Wie wär's mal mit KI?

28. Juni, die Moral ist weg, es gibt viel Hass und die Behörden geben die Stoss-Richtung vor

Der
schlimmste
Mitarbeiter:

Fleißig
und
Dumm!

Der Vorname: *Emotion*
Nachname: *Less*

14. Juli, das Metalldach knarrt unter den
Sonnenstrahlen, Grüner-Tee bei 80 Grad,
draußen 40

Räume die Garage auf
und da dämmert
es mir:
Ich machte es
genauso wie Dad.

Dabei wollte ich
nie so werden
wie meine Alten.

Jetzt denke ich
nochmal drüber nach
und finde   Es
ist gar nicht so
übel *Pa*. Hätten wir doch mehr Zeit gehabt.

20. Juli, morgens, kühl, viele Wolken, ein
Weißling und es ist sehr ruhig, fast still.

Es gab keine
Freiheit
mehr, aber
sie hatten den
Untertanen noch
zwei Sachen gelassen:

Drugs
And
~~Sex.~~
And
~~Faktencheck~~
And
Zensur

07. August, Regen, sitze am Fenster und korrigiere Abwärts, Thymian-Tee

Eins sage ich noch: „Es wird grauenhaft
    werden mit denen."
Es ist total wichtig, dass man sich um seine
    Störungen kümmert.
Aber es ist überhaupt nicht wichtig, ob man
    welche hat.
Zwischen den Ohren sitzt der Verstand und
    der kann die Dinge bewerten.
Deshalb ist meiner Meinung nach das EGO,
    der entscheidende Punkt.
Die Kenntnis über das EGO und seine EGO-
    Tripps.
Wenn man hier Bescheid weiß, dann kann
    alles gut werden, mit etwas Glück.
Man darf es nur nie vergessen.

Eine Bemerkung hierzu:
Das menschliche E-GO ist wie eine Wüste.

*Ergo sum, Regen wird es immer aufnehmen und
es wird trotzdem nicht viel bringen.*
Blumen blühen in der Wüste nur selten.
*Aber die Biodiversität ist auf mageren Böden
viel höher.*

Das EGO ist die Achillesferse der Menschheit.
Du musst es füttern, wie ein Tamagotchi.
*Gibts du ihm kein Futter, dann frisst es was
kommt und*
*dann kann es blöd werden, denn manchmal
kommt*
*richtiger Scheiß vorbei, der nicht gut für dich
ist.....sie spritzen Gülle auf die mageren Böden.*

Das ist eigentlich alles. Pass auf dein EGO
auf und füttere es. Ist die halbe Miete für
ein top life. *(gieß die Ego-Wüste)*

Das andere wäre nichts tun! Du lachst?
Du kannst das nicht. Das ist der hüpfende
Punkt .   .   .

07. August, Sonnenschein, Kneippanlage,
Keffertal, Zitronenwasser

Der Zahn tat weh, aber man
wollte noch nicht zum Dr. Zahn.

Aufschieberritis und Angst.

Dann fing es an zu pulsieren
und Nelkenpulver half
niks mehr.

Es klopfte jetzt stark, AUTSCH, wie
An einer alten Holztüre und
nach paar Wochen
fiel der Zahn aus, QUIETSCH, KLACK
und wurde in der Nacht
verschluckt (PRUST).

und das wars – geht auch so!

10. August, es war Unwetter gewesen,
morgens total schwül

Sie wollte mit mir gehen
und ständig machte
Sie Dates aus und dann
unterbrach sie mich
bei jedem zweiten
Satz und legte
jedes Wort auf die
Goldwaage und
ich schwieg dann oft,
was ich eh am besten
konnte – zuhören
und ich dachte
Mädel, es ist
Aussichtslos
Mit mir
So
Wortlos.

13. August, alle liegen noch im Bett, die
Quäl-Anstalt hat geschlossen

Gestern war ich auf
einer Pfandsammelrunde
und ich fand viel.

Ich hatte Glück, es
wurden zwei große
Taschen voll.

An der Kasse vom
Markt war eine
Schlange und ich
hielt den Bon so, dass
jeder sehen konnte:
  »12,77 Euro«

Sie sollten es
wissen, ich war reich
geworden.

19. August, es war wieder tropisch heiß in
der Garden City und ruhig

Seit über 50 Jahren
 fuhr ich hier durch die
Siedlung und es gab
 Häuser, da sah ich
noch nie einen
Menschen
 und dann passierte
es, dass ich heute doch
 mal wieder eines von
der Liste streichen konnte.
 Da war plötzlich eine Frau, es
war ein Haus, das nie
 fertig gebaut war, man
sah noch die roten Steine, es
 gab keinen Putz und keine
Einfahrt und nur wüste
 Erde drumherum und
die Frau hatte graue Haare
 und sie blickte missmutig

auf ihre Wüste, die Eingangstüre

 stand offen und sie kickte

mit dem Fuß in die rote Erde

 und es sah aus als hätte

sie nach 30 Jahre angefangen

 den Garten umzugraben,

vielleicht machte sie das

 auch öfters, damit nichts

darin wächst und mir

 kam es in den Sinn, dass

es von solchen Häusern hier

 dutzende gab und darin

wohnten Menschen

 oder Wesen die niemand

je sah, wahrscheinlich starben

 die auch einfach so und

jemand anderes ging rein

 und nahm gerade die

Identität an und zeigte sich

 nie und so viel es niemandem

auf und alles ging seinen gewohnten

 Trott.

21. August, ein veganes Croissant mit DIY
blauer Mirabellen Marmelade

Das erste Drittel meines
Lebens war ich Gefangener.

Während des 2/3's war ich Soldat
für meine Führer...

Im dritten Drittel
suchte ich nach
den Opfern und
bat sie um Vergebung...

Beim 4. Drittel
wollte ich suchen ...
   bis ich mein Herz wieder
finden würde, bis
zum Ende, wenn es
nötig war....

21. August, die Sonne knallte in den Garten
und es fühlte sich subtropisch an,
Gartendusche

Sie trug eine Brille; HAHA
und deswegen konnte
sie nicht meine
Freundin sein.

 Ich hatte mir
geschworen keine mit
 Brille, ich mochte keine
Brillenschlangen und
dann war da auch
dieser Typ.

Jeden Tag lief ich
nach der Ausbildung
einen großen Umweg, um
diesen Typ wiederzusehen.

ICH ging immer an diesem
Möbelgeschäft vorbei
und da war er, ich sah ihn
im großen Schaufenster und er
lief genau wie ich
dran vorbei.

Er trug abgewetzte Jeans,
ein weißes T-Shirt
mit dem Aufdruck
„Champion" und total
zerschlissene Turnschuhe
und wenn er mich sah, dann
lächelte er und ich lächelte
zurück und ich war
zufrieden, das reichte mir.

Mehr Beziehung brauchte
ich nicht. Ich war bescheiden.
Ich genügte mir selbst. Ich
war verliebt in mein glattes
glasklares Spiegelbild.

21. August, Mücken krochen über meine
behaarten Beine und die Nachbarn
sprachen leise populistisch

Sie hatten zum 1 x
Mal so echte Verbrecher
in die höchsten Ämter
gewählt.

Mir fiel der Satz dieses
altgedienten Kollegen bei
der Geheimpolizei ein:

**»Der gefährlichste MA ist
impertinent und fleißig.«**

Dummdreist, fleißig und skrupellos,
flüsterte ich.

Die Zukunft lag im Gruppenkampf oder als
rostiger Kriegs-Müll in der Ukraine.

21. August, Kneippanlage, es war einfach zu
heiß, aber hier war es voll

Manchmal muss man einfach
glotzen, es gibt so Menschen,
nicht die schönen, die
anderen, die skurrilen, die
schrägen Vögel.

Er kam mir im Käfertaler
Wald entgegen und hatte
X-Beine, er lief so angespannt, wie
bei einer Gegenüberstellung und der
Bauch war kugelrund und
ein Zipfel des blauen Hemdes
hing raus, wie die Zunge
mit der er komische Sachen
machte, der Blick war konzentriert
und stur geradeaus und dann
war er vorbei und ich überlegte
wie so ein Kerl wohl wohnt?

24. August, Bäckerei Bihn, Rathaus, es
regnet kalt, Böen,

In der Oberen Luise hatten
sie ein Denkmal von
Ludwig Frank (SPD)
aufgestellt, es sollte den
Opfern des I. WK gedenken
und für den zweiten gab
es schon keines mehr
und während des dritten WK
wurde das Wort „Frieden" verboten.

Ich dachte mir beim Radeln,
vollkommen egal wer angefangen
hat (FRIEDEN) und dann
dachte ich an einen Streit
eines Paares und das man
doch vernünftiger weise auch
nicht mit dem Schuldfinger
aufeinander zeigt, sondern

versuchen sollte sich so
schnell wie möglich wieder
zu versöhnen.

Liebe machen wäre besser
als diese Knochenmühlen, besser
die Knochen aneinander
reiben und Ahhh stöhnen,
wie Aua brüllen!

Krieg ist morden!

Oben würden sie, dass nie
verstehen, sie dachten in
diesen Sachen wie kleine
Kinder: Wie du mir so ich dir!
ÄTSCH und so ging das
Gemetzel weiter und
ich hoffte, dass es diesmal
wenigsten wieder für
eine Gedenktafel reichen
würde.

31. August, MC Fit Studio Keffertal, es
riecht nach Testosteron, Brunnenwasser

Früher brannte nichts an, jede
Chance nutzte ich und
landete immer im Bett, aber
die hässlichen ließ ich
zappeln, bissel *Schischi* und
küssen – Ende, dann brachte
ich sie wieder heim oder ging.

Eins ging überhaupt nicht;
Brille oder Übergewicht oder …

Eine drehte mal komplett
durch, eigentlich war sie nicht
hässlich und hatte die größten
Möpse des Planeten, aber das
wurde zum Problem, denn die
Dinger waren wie Wasser
und sie studierte Kunst, aber
ich war noch nicht so weit.

Dann wurde ich älter und
machte Sport und hatte einen
guten Job und ein tolles
Haus und die Ladys wurden
immer hübscher, aber ich
war oft zu verklemmt.

Jetzt bin ich alt und alles
ist faltig und neben
mir liegen wieder die
hässlichen und ich bin
total froh, wenn sie sich
bisschen mit mir
abgeben, bevor sie mich
wieder fortjagen.

Und der Arzt verpasste mir
neulich eine Brille.

05. September, Geburtstag, toll)-:, sitze in
der Garage, es ist kühl, Sonnenaufgang

30 Jahre Guerilla Kampf
30 Jahre durch den
Großstadtdschungel
schleichen und Hermine
schleicht auch und sie
schleicht durch die Gräser
im Naturgarten und es
sieht aus wie ein Puma.

Ich sollte töten, sie
zwangen mich dazu oder
tat ich's freiwillig und
da lag die Maus, mit
durchgebissenem Rückgrat
und kroch vorwärts noch
immer war da der unbändige
kolossale Überlebenswille.

Ich setze das alte rostige

Beil an und ihr Herz
schlägt wild durch ihr Fell
und ich setze es wieder
ab, ich kann es nicht mehr
und ich schaue und bete
und hoffe und ich setze
es wieder an – es soll
schnell gehen und sie kriecht
jetzt Richtung Gemüsegarten.

Hermine schaut ganz
emotionslos zu, sie hat getan
was ihr der Autopilot Gottes
sagte und mir?

Ich hieb ihr den Kopf ab
und die kleinen dunklen
Augen blickten mich an
und traten hervor und
meine Hand zitterte …

… und das Gewissen wurde von Tag zu
Tag stiller.

13. September, Hermine sitzt im Hof,
morgens, es ist kühl, ein Haufen
Grünabfälle

„Sie waren in meiner Wohnung,
denn mir fehlte ein Glas
Bio-Honig."
Er war im Overkill Modus, die
Gedanken ordentlich zu
denken funktionierte nur
noch rudimentär.
Er war immer auf der Suche
nach dem
NÄCHSTEN-GROßEN-DING
  Das bedeutete Rumors
  und Terror und grade war
  einer aus der Irrenanstalt in
  Wiesloch abgehauen und
  nach einer Stunde hatten sie
  ihn zwar wieder, aber eine
  junge Mutter war tot – erstochen
  in so einem 1 Euro Markt.

Die Mehrheit war mittlerweile
dem Wahnsinn verfallen
und die Minderheit auf
dem Weg dorthin, jeder
halbwegs vernünftige wusste
was das bedeutet …

(die Moral wankte)

Polizisten kippten das
Salatöl präventiv gleich über
das ganze KK (*Klebekid*), aber
das kam nicht gut an, weil
andere aufgehetzt von
den Repräsentanten lieber
zutraten und zuschlugen.

„Der Klimawandel ist mir
erstens Scheißegal und zweitens
wurde das festgestellt durch Leute
ohne Schulabschluss."

Hans sagte das und dann
sagte er noch:

„Aber Abgase können wir
trotzdem noch raushauen mit
 unseren PS-Boliden."

Hans heizte das Klima
mit Absicht an, er
war ein Klima Terrorist, viel
schlimmer als diese KK
Mädchen und Jungs, eher
Wie diese Teilnehmer
Der letzten COP 27, die alle
Mit dem Flieger kamen.

Baron Münchhausen
hatte wenigstens
Noch Stile.

13. September, bewölkt und einsam, die
Krähe schreit auf der alten Fichte

„Das ist dem Präsidenten scheißegal."

Ihn juckt es nicht ob er einen Knecht
mehr oder weniger hat.

Eine völlige Fehleinschätzung.

Das stimmt.

Welches?

Er wird es eher nicht verstehen.
Dein bestes ist *Getäuschter Mann*.

Wenn du telefonieren würdest, hätte
ich euch finden können. Du hast das
absichtlich gemacht um dann wieder
rumzupiensen.
Das ist ein Fetisch von dir.

Genau wie damals mit meinem Auto.
Um dich anschließend selbst zu bedauern.

Jaja, ich mache einfach nix mehr aus.
Blabla.

Bin ich nicht.

Was für ein Bild?

Es ist mir völlig egal wer was für ein
Bild von mir hat.
Ja ein kleines Problem habe ich.

Ich arbeite noch. Dein Gehirn machte
nicht mehr mit.

Ja ich will ein neues Auto und weiß
nicht welches.
Anja bekam auf den Deckel schriftlich.

So legt es sich der Kranke selbst aus.
Sag ich nicht, weil du es dann wieder

verdrehst.

Es gab keinen Treffpunkt, weil du dich nie
klar äußern tust.

Da wart ihr nicht.

Du hast das absichtlich gemacht um
das so herbeizuführen, sagte ja wie
damals mit meinem Auto.

Und zufällig hörst du jedes Mal
dein Telefon nicht. Haha

Das war Stunden später. Aber
wie gesagt mache einfach nix mehr aus.

Wieso das hörst du dann?
Du verrätst dich grade.

Ja dann ist es halt so. Ich lehne diese
Art der Kommunikation ab.

Was soll mit Anja sein?

Ich sagte ja, mehr Infos gebe ich nicht.

Bin nicht mehr bei *Telegram*

Nö.

Bin nur bei: „Ältere Frauen ficken,
wann immer sie es verlangen."

Wenn du 3x ablehnst, wird dein
Account gelöscht.

Werde jetzt mein hoch PS-Bike durch
unsere schöne Natur treiben. Du versuchst
Menschen zu deinen Leidensgenossen zu
machen die es nicht sind um dich so selbst
besser zu fühlen.
Um dann sagen zu können bin ja nicht
der einzige. Geht fast allen so.

Nö. Tschüss. Hähä. Ätschibätsch!

18. September, bewölkt und kühl und
Mutter ist im Krankenhaus, Garage
aufräumen und *rumknoddeln*

*Was macht ein Verstärker von Leidenschaften
und was bin ich?*

Ich bin ein Laie in allem geblieben, mein
Leben lang.
Ich kann nichts wirklich gut und habe keine
Ahnung.
Ich schreibe miese Gedichte.
Ich laufe den ganzen Sommer in Badehosen
rum.
Ich trinke nicht.
Ich rauche nicht.
Ich nehme keine Drogen mehr, weil ich zu
faul bin.
Ich beobachte die Vögel beim .... picken.
Ich sammle Müll.
Ich besitze ein altes Handy.
Ich mag klassische Musik.

Ich mag ACID.

Ich mag Techno + Mozart

Ich liebe die alten Filme.

Ich bin begeistert von den goldenen
Zwanzigern.

Ich kann auf einer Insel leben.

Ich finde abgewetzte Klamotten gut.

Ich stehe auf Bio-Muschis

Die Radikalität von Killern

Und Terroristen

Ich habe Angst vor Blitzen in den Bergen
beim Klettern.

Ich bin oft täglich verstört.

Ich bin ein *Frek*.

Ich finde Bukowski top!

Ich träume gern!

Mine tage sint Kunstwerce!

30. September, es wird kühler, Garage,
kalter Milchkaffee

Vorhin bei *DM*; stehe
Abseits, trinke eine
Buttermilch und am
Eingang brüllt der
Mann, Bierbauch, pralles Gesicht, so 40zig,
rote Haut, Jogginghose, Turnschuhe.

Unverständliche Sprache, er
läuft hin und her, die Autos
müssen ausweichen,
dann „… das ist beschissen …"
wieder unverständlich, er
schimpft so laut in sein
Mobile, dass die Verbrenner
Nicht zu hören sind.

Eine junge Frau in diesen
Engen Fitnesshosen mit
Einem Riesenarsch von

Diesen rumänischen Übungen
Geht an ihm vorbei und
Er schimpft weiter, er redet
Extrem schnell und niemanden
Stört es und keiner sieht hin
Und dann brüllt ein anderer
Mann, im Jogginganzug, er
Wirkt etwas schwabbelig, ein
Kleiner Junge folgt ihm und
Sieht sehr traurig aus, dann
Mitten auf dem Platz dreht
Er sich um und schreit seinen
Kleinen Sohn an „Halt die
Fresse, halt jetzt bloß die Fresse",
Und er droht ihm mit dem Zeigefinger,
„heul bloß nicht sonst …".

Ich spüre so einen Impuls, so als
Ordnungshüter, aber ich
Weiß zu viel und niemand
Schaut auch
 nur kurz hin, der Junge
Schluchzt und ich

schluchze mit
Und ich fühle mich schlecht, aber
Bei mir ist der Lack ab ... sorry
Kleiner, dass ich dir
nicht beigestanden habe.

Später wird es regnen.

30. September, die Sonne steht im Zenit,
Brunnenwasser, ein Italiener spricht über
die Liebe

Unter dem Tisch, da
Lagen die Teile, es
Waren Kindheitsträume,
der Stolz meiner Jugend,
damals in Kärnten
hatte mein Vater die
aus dem Felsen geklopft.

Versteinerungen in Schiefer-
Platten und 5 Jahrzehnte
Hütete ich sie und grade
Waren sie runtergefallen
Und eine davon zerbrochen
Und ich bin ziemlich traurig, es
Gab einen Stich und dann
Nahm ich sie und warf
Sie beide weg.

04. Oktober, 15 Grad, Buttermilch und ein
Laugen Croissant, es ist ruhig draußen

Im Lidl gab es
Dieses Bio-Körner-Brot
Und ich hatte Han
Grade zur Schule
Gebracht.

„Ich hol mir Berliner
Mit Zucker, danach
Klebt die Fresse …"

Er sagte noch sowas
Wie: *das hatte ich schon
Lange nicht mehr.*

Gefühlt ging ich jeden
Tag einkaufen und ich
Glaube man konnte es schon
Ein Hobby nennen.

02. November, Niesel, Reifenwechsel,
Werkstatt, so ein schlechter Deal

Sie fragt und ich sage (-:
  „Partnerschaften funktionieren
Eigentlich total einfach; erstens
Lass den Hollywood-Kitsch
Weg, dann noch diese
Eine Sache, mach deinem
Schatz keinen Stress und
Wenn er dir Stress macht, dann
Jag ihn fort ins Nirvana
Und denk dran, er ist
Ein Geschenk und
Wenn du das
verinnerlichst, dann kannst
du Erstens vergessen."

06. November, Niesel, Zahnarzttermin,
Zähne putzen, Bunker Wohnung

Hans schreibt
„Ich hab so viele neue Weiber
Kennengelernt, aber es
Ist immer das Gleiche, sie sind
Alle irre und suchen nur einen
Hausmeister, der ab und zu
Die *Dosen* ölt … das wars.

Und wenn sie keinen Doofen
Finden, dann darf der
Leiharbeiter ran – für
Mindestlohn.

Hans war total frustriert
Vom Soldatenjob.

07. November, Grauer Tag, die Zähne
schmerzen, Milchkaffee mit Algenmilch

Sie sagten hasst die Juden,
dann noch die Kommunisten
und später warnten sie vor
der gelben Gefahr und
dann kam die Gruppe
der Männer dran
und immer, wenn sie es so
wollten, schwangen sie
die Hasskeule und sie wussten, dass
ihre Hasspredigten auf
Ego-Wüsten fielen wie ein
Regenschauer im Hitzesommer.

Sie erklärten die Ungeimpften zum
Hassobjekt, dann Russland, dann
Irgendwann einfach alle, die
Nicht ihrer Meinung waren
Und ich dachte mir, ich
„Hasse" nur Euch da oben.

11. November, etwas Sonne, der Retainer
hält, Milchkaffee und gerettete Berliner

Von *Klausewitz* erklärt auf YouTube:
Für einen erfolgreichen
Feldzug brauchst du
Folgendes:

1. Rohstoffe
2. Energie/ Öl
3. Viele Soldaten
4. Rüstungsindustrie
5. Siegeswillen/ Opferbereitschaft

Von *Klause-Witzt*:
Ihr habt nichts davon
Und versucht es mit Lügen
Und vier Tagewoche.

14. November, Bunkerwohnung, Regen,
viele Vögel

Er hielt eine flammende Rede nach seinem
Sieg:

„… die Superreichen werden abgeschafft
und auch alle Löhne auf ein Mindestmaß
gekürzt und ab morgen darf ein jeder nur
Noch 3 Millionen besitzen und 30 m2
Wohnfläche beanspruchen und nur 3
Tonnen CO_2 verbrauchen …" und so weiter
und nach drei Tagen, gab es keine armen
Menschen mehr und niemand musste auf
der Straße hausen und alle hatten genug zu
essen und so weiter.
„Warum", fragt einer „immer die drei?".
Er antwortete kurz: „Das ist meine
Glückszahl." und es ging so weiter …

Nachwort

„Nur kurz", ruft der Mann auf dem
Wirtschaftsweg und dann, „Wollte nur kurz
das Auto abstellen" und weiter, „… nur
kurz, kurz, kurz …".
Nur kurz die Einfahrt zuparken
Nur kurz auf dem Radweg halten
Nur kurz etwas drängeln
Nur mal kurz Lichthupe
Nur kurz diagonal über die Straße gehen
Nur kurz bei Rot rüber
Nur kurz in zweiter Reihe anhalten
Nur mal kurz grapschen
Nur mal kurz die Katze streicheln
Nur kurz auf dem Behindertenparkplatz
Nur kurz rabiat überholen
Nur kurz etwas Fastfood
Nur kurz nochmal einen *hit*
Nur kurz ein Furz in dein *Gnick* pfffft
Nur kurz eine klitzekleine Zwischen-Frage
Und so weiter und so vort

Gender-Disclaimer und Netiquette

Sollte ich ihre Gefühle verletzt haben, so tut es mir leid, das lag mir fern. Meine Inhalte verstehen sich als Unterhaltung und Anregung. Ein konstruktiver Beitrag. Zum Zwecke der Lesbarkeit wurde auf die geschlechterspezifische Schreibweise verzichtet. Alles ist somit neutral zu sehen oder wie Sie möchten, aber immer harmlos. Sollten Sie irgendwo einen Fehler entdecken, dürfen Sie das gerne mitteilen. Für freundliche konstruktive Beiträge bin ich Ihnen sehr dankbar.

Für Quellenangaben bin ich auf die Seitenbetreiber angewiesen.

Bisher von Robert Patrick Martin als Softcover und eBook erschienen sind folgende Titel:

Total geile(r) Psycho

ISBN 978-3-96103-747-6

398 Seite

Getäuschter Mann

ISBN 978-396103-798-8

220 Seiten

Mannheim - Mittelpunkt der Welt

ISBN 978-3-98527-003-3

223 Seiten

Herzverlierer

ISBN 978-3-98527-191-7

365 Seiten

Neandertal-Rules

ISBN 978-3-98527-281-5

192 Seiten

DER LETZTE BESCHISS

ISBN 978-3-98527-533-5

235 Seiten

Bald ist Ladenschluss

ISBN 978-3-98527-347-8

200 Seiten

Hans und Franz erklären die Welt

ISBN 978-3 98527-562-5

264 Seiten

Mäuse im Ohr

ISBN 978-3-98527-612-7

208 Seiten

Aufwärts

ISBN 978-3985277933

404 Seiten

Seitwärts

ISBN 978-3985279333

268 Seiten

Abwärts

ISBN 978-3988850980

338 Seiten